Die Meerestiere warten schon
auf ihre Freundin. Was gibt es im Zimmer
der Meerjungfrau alles zu entdecken?

Ein neuer Tag beginnt im Schloss der kleinen Meerjungfrau.
Gerade ist sie aufgewacht.

Im Schlossgarten hat die Meerjungfrau viele bunte Beete angelegt.
Dort wachsen die schönsten Unterwasserblumen.
Oh! Gerade hat sie eine neue Blüte entdeckt. Wie schön sie ist!

Helle Sonnenstrahlen tauchen das Korallenriff in ein goldenes Licht.
Hier spielt die Meerjungfrau mit ihren Freundinnen am liebsten.
Hat sich etwa jemand in der Höhle versteckt?

In den Tiefen des Meeres ist es besonders geheimnisvoll.
Zusammen mit ihrem Seepferdchen taucht die kleine Meerjungfrau hinab.
Was gibt es hier zu entdecken?

*E*in riesiges Schiffswrack liegt tief unten im Ozean.
Viele kleine und große Schätze blitzen aus dem Sand hervor.
Neugierig erforscht die kleine Meerjungfrau
das versunkene Schiff. Das kleine Seepferdchen
weicht nicht von ihrer Seite.

Sonnenstrahlen tanzen durch das Wasser und locken
die kleine Meerjungfrau zurück an die Oberfläche.
Auf den Felsen kann sie sich sonnen und aufwärmen.
Wer wohnt auf der Insel?

Am Abend wird ein großes Unterwasserfest gefeiert.
Der Schlossgarten ist festlich mit bunten Blütengirlanden geschmückt.
Alle großen und kleinen Freunde der Meerjungfrau sind eingeladen.

Ein aufregender Tag geht zu Ende.
Morgen geht das Abenteuer weiter.
Gute Nacht, kleine Meerjungfrau!